J. J. ROUSSEAU, P. GALIN, A. PARIS, M. & Mme E. CHEVÉ

LECTURE MUSICALE

60 TRIOS

COMPOSÉS OU RECUEILLIS

PAR

J. BONNET

Professeur de musique dans les Écoles communales et professionnelles
de la Ville de Paris.

AUTEURS DES AIRS :

Beethoven, Bortniantski, Carissimi, Haendel, J. et M. Haydn, Martini,
Marcello, Mozart, Palestrina, Rouget de l'Isle, J. J. Rousseau, etc.

Prix broché 0 fr. 75. Prix cartonné toile, 1 fr.

Association Galiniste

ALEXANDRE AUGÉ, SECRÉTAIRE, 32, RUE DES BONS ENFANTS, PARIS.

Et Imprimerie

De l'Orphelinat Prévost, à Cempuis, par Grandvilliers (Oise).

J. J. ROUSSEAU, P. GALIN, A. PARIS, M. & Mme É. CHEVÉ

LECTURE MUSICALE

---

60 TRIOS

COMPOSÉS OU RECUEILLIS

PAR

J. BONNET

Professeur de musique dans les Écoles communales et professionnelles
de la Ville de Paris.

AUTEURS DES AIRS :

Beethoven, Borniantski, Carissimi, Haendel, J. et M. Haydn, Martini,
Marcello, Mozart, Palestrina, Rouget de l'Isle, J.-J. Rousseau, etc.

Prix broché 0 fr. 75. Prix cartonné toile, 1 fr.

Association Galiniste

Alexandre Augé, secrétaire, 32, rue des Bons Enfants, Paris.
Et Imprimerie
De l'Orphelinat Prévost, à Cempuis, par Grandvilliers (Oise).

Avril 1891.

Préface

Le présent recueil de trios pour voix égales, est destiné à la [illegible]
lecture à vue.

Il continue la série des recueils de Lecture musicale déjà pub[liés]
avec 100 canons et trios, lesquels forment eux-mêmes la su[ite]
des études fructueusement faites dans les livres "L'Instituteur [illegible]
musiciens", cours préparatoire, élémentaire et moyen [illegible]

La lecture de ce recueil sera une véritable récréation si les [élèves]
bien préparés par la lecture des ouvrages précédents et si conséque[mment]
on n'entreprend pas prématurément l'étude de celui-ci.

Ces 60 trios lus par les Sociétés chorales dans la dizaine de séan[ces]
répétitions précédant les concours d'orphéons, constitueront une [pré]-
paration pour les épreuves de lecture à vue que les Galinistes convain[cus ne hé]-
sitent pas à placer au premier rang en raison de leur utilité et co[mme]
une sérieuse manifestation de réel savoir musical, en attendant que [la]
sous la dictée qui ne se pratique encore publiquement que dans l'École
Paris-Chevé, prenne aussi la place d'honneur dans les concours.

En ce qui concerne l'exécution de ces trios nous ne pouvons que renv[oyer aux]
instructions minutieusement données dans les divers cours de "L'Instituteur m[usicien]

Diapason et métronome doivent servir de juges inflexibles pour l'into[nation]
et la mesure, bases de la lecture à vue; l'instruction déjà acquise dans [illegible]
par les maîtres et les élèves pour l'émission des sons et l'application des n[uances]
été, assureront l'exécution artistique que l'on doit chercher à réaliser au maxim[um]

Lorsque le recueil aura été parfaitement lu en entier avec les in[structions]
clairement données, on pourra improviser et augmenter les difficultés de [illegible]
par des conventions diverses dont nous signalons quelques unes à titre [de]
suggestion générale : 1° accélérer le mouvement des morceaux à mesure [illegible]
2° ralentir les mouvements rapides; 3° convenir d'exécuter à 2 temps des [illegible]
à 4 temps; 4° décomposer les mesures à 2 temps en mesures en 4 temps; 5° [illegible]
à division ternaire à plusieurs mesures à 3 temps; 6° Exécuter les morceau[x à 3]
temps en mesures "Temps de valse" dites improprement mesures à un temps [illegible]
tier pour chaque morceau le degré d'intensité des sons tout en ayant soin [de]
conserver chaque fois la relation équivalente des nuances particulières, etc

Ah! Ils seront bons lecteurs, ceux qui auront ainsi usé de ce recu[eil et]
nous avons le plaisir d'ajouter à notre œuvre de glorification de nos v[énérés]
maîtres J.-J. Rousseau, Galin, Paris, Chevé.   M[illegible]

LECTURE MUSICALE

60 TRIOS

C. Ton Ut (d'G) M. 100 . Andante.

(Bonnet).

E♭ Ton Meu (d'♯) M. 110.

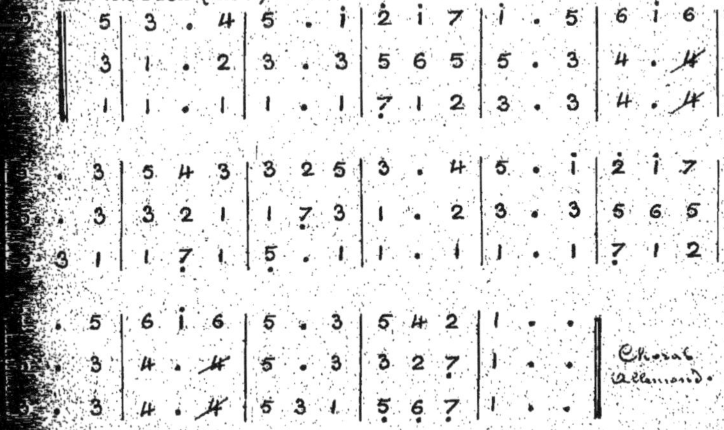

Choral
allemand.

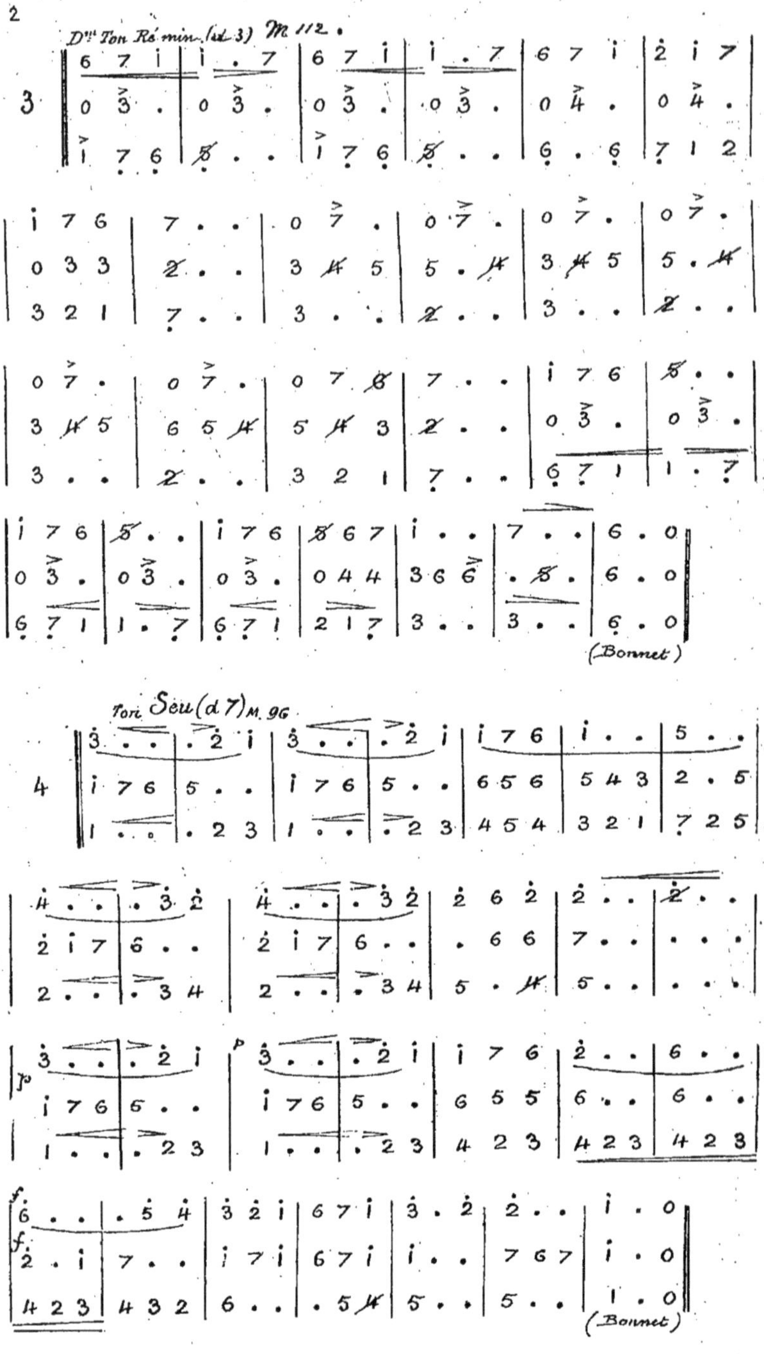

D.ⁿ Ton Ré min. (ut 3) M 112.

(Bonnet)

Ton Séu (d7) M 96.

(Bonnet)

A. Ton La (d i) M.100.

5

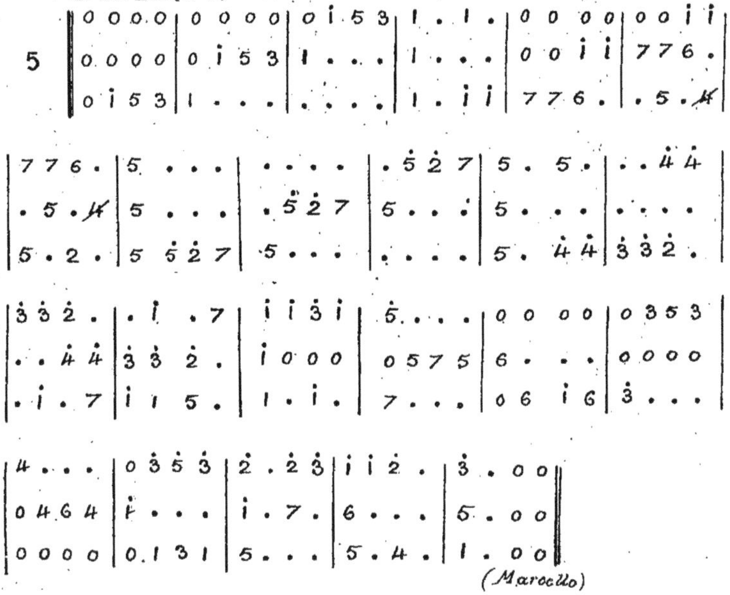

(Marcello)

A. Ton La (d i) M. 96

6

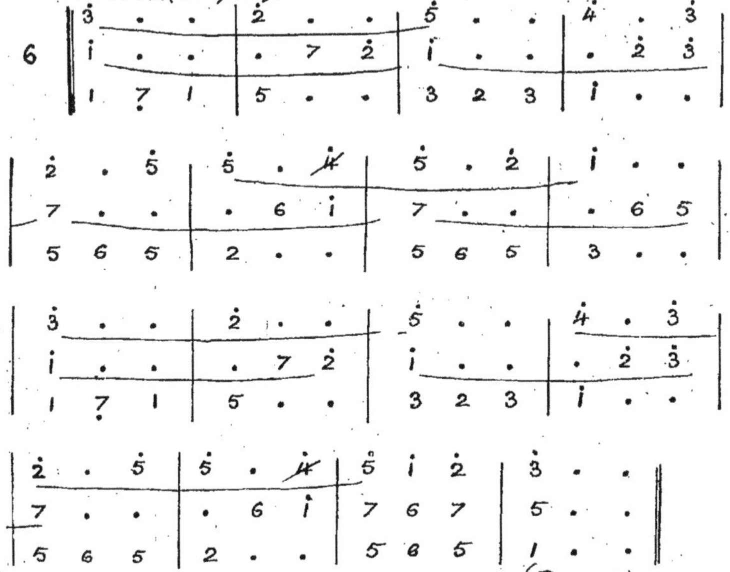

(Bonnet)

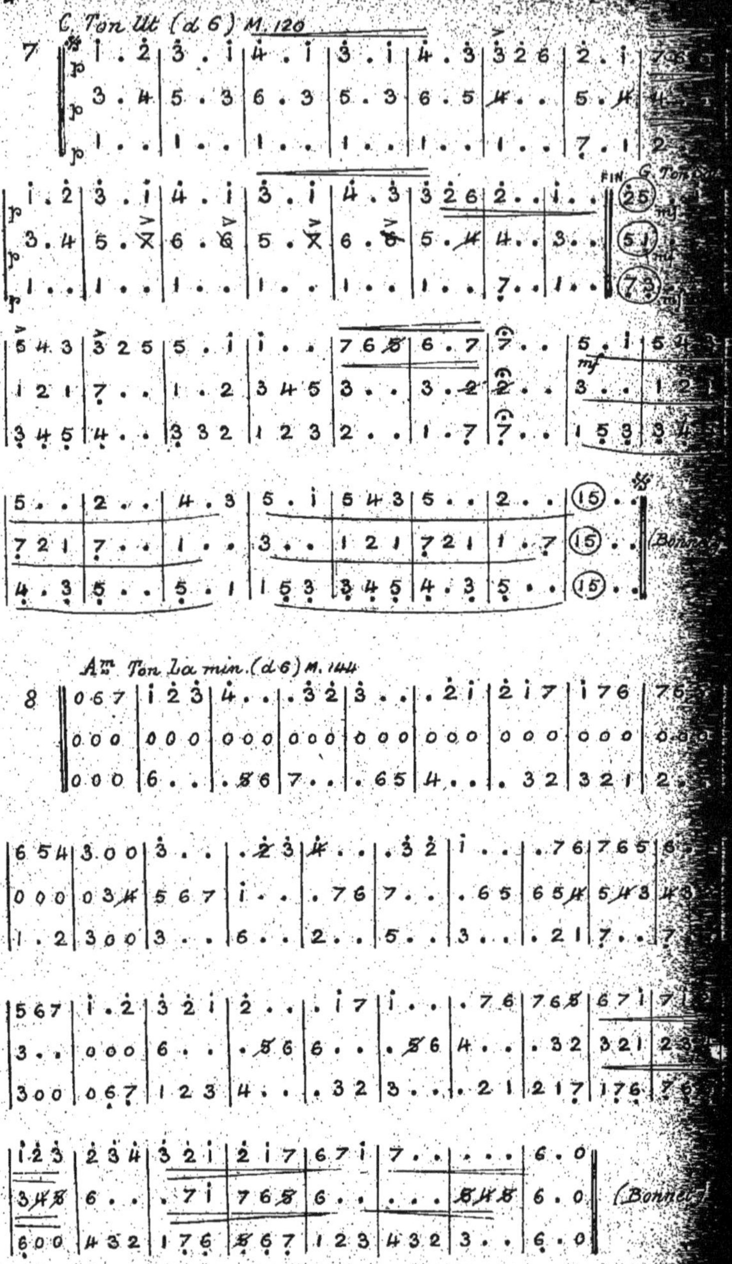

4

C. Ton Ut (d 6) M. 120

FIN

8

A^m. Ton La min. (d 6) M. 144

(Bonnet)

A. Ton La (d.1) M.92

chant
populaire
Strasbourg

F. Ton Fa (d 3) M.120

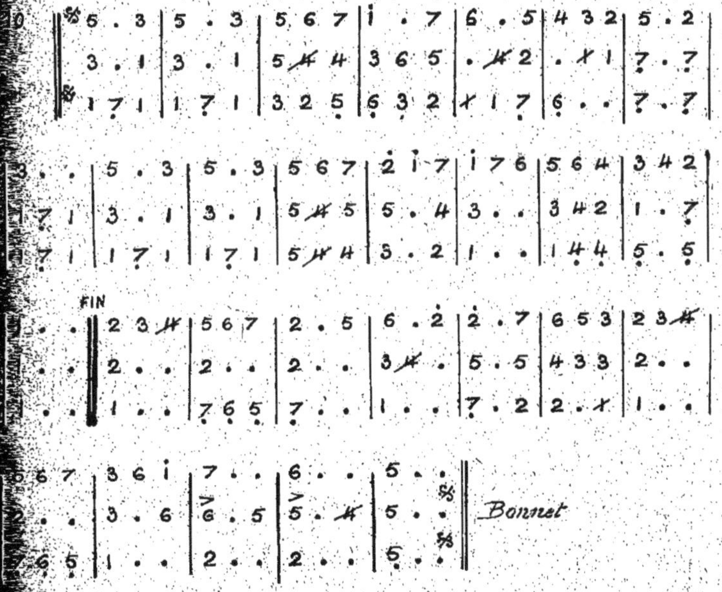

FIN

Bonnet

C. Ton Ut (d 6) M. 96 .. Moderato

11

(Bonnet)

E^m Ton Mi mineur (d 2) M. 96

12

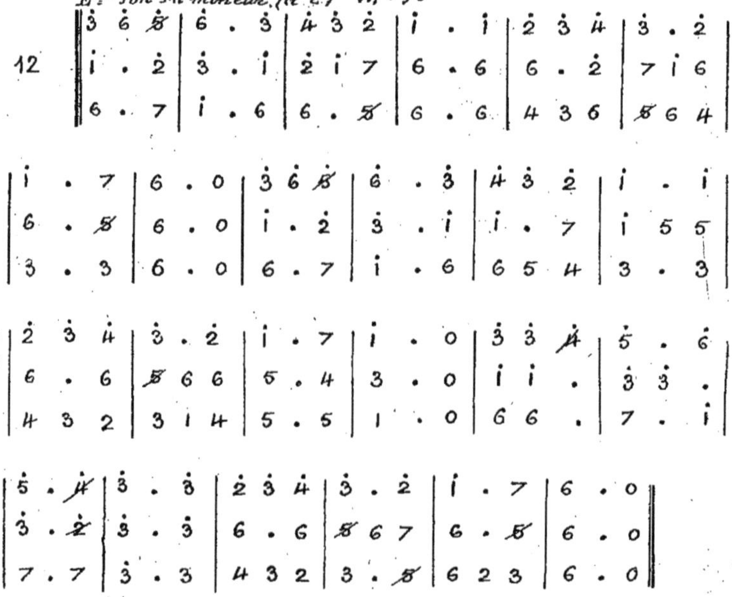

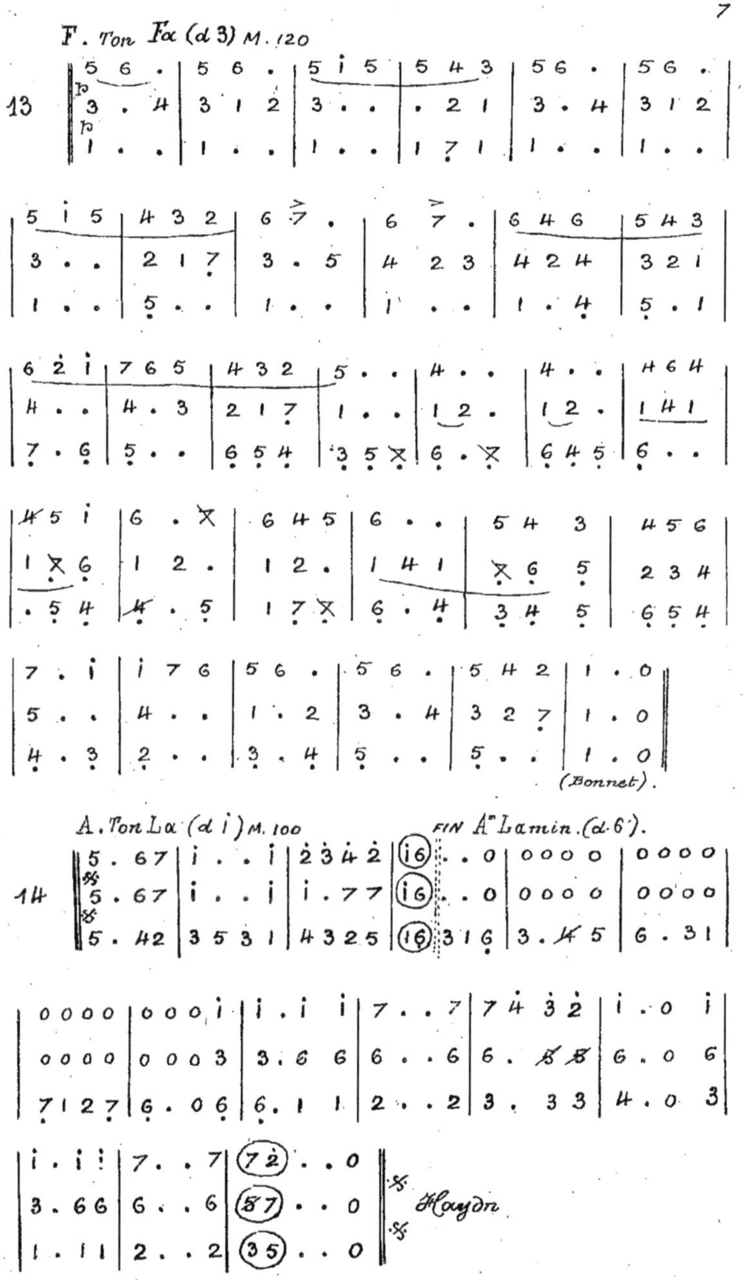

F. Ton Fa (d 3) M. 120

13

5 6 .	5 6 .	5 i 5	5 4 3	5 6 .	5 6 .
3 . 4	3 1 2	3 . .	. 2 1	3 . 4	3 1 2
1 . .	1 . .	1 . .	1 7 1	1 . .	1 . .

5 i 5	4 3 2	6 7 .	6 7 .	6 4 6	5 4 3
3 . .	2 1 7	3 . 5	4 2 3	4 2 4	3 2 1
1 . .	5 . .	1 . .	1 . .	1 . 4	5 . 1

6 2 i	7 6 5	4 3 2	5 . .	4 . .	4 . .	4 6 4
4 . .	4 . 3	2 1 7	1 . .	1 2 .	1 2 .	1 4 1
7 . 6	5 . .	6 5 4	3 5 X	6 . X	6 4 5	6 . .

4 5 i	6 . X	6 4 5	6 . .	5 4 3	4 5 6
1 X 6	1 2 .	1 2 .	1 4 1	X 6 5	2 3 4
. 5 4	4 . 5	1 7 X	6 . 4	3 4 5	6 5 4

7 . i	i 7 6	5 6 .	5 6 .	5 4 2	1 . 0
5 . .	4 . .	1 . 2	3 . 4	3 2 7	1 . 0
4 . 3	2 . .	3 . 4	5 . .	5 . .	1 . 0

(Bonnet).

A. Ton La (d i) M. 100   FIN An Lamin.(d.6').

14

5 . 67	i . . i	2 3 4 2	(i 6) . . 0	0 0 0 0	0 0 0 0
5 . 67	i . . i	i . 7 7	(i 6) . . 0	0 0 0 0	0 0 0 0
5 . 42	3 5 3 1	4 3 2 5	(i 6) 3 1 6	3 . 4 5	6 . 3 1

0 0 0 0	0 0 0 i	i . i i	7 . . 7	7 4 3 2	i . 0 i
0 0 0 0	0 0 0 3	3 . 6 6	6 . . 6	6 . 5 5	6 . 0 6
7 1 2 7	6 . 0 6	6 . 1 1	2 . . 2	3 . 3 3	4 . 0 3

i . i i	7 . . 7	(7 2) . . 0
3 . 6 6	6 . . 6	(5 7) . . 0
1 . 1 1	2 . . 2	(3 5) . . 0

Haydn

8

E. Ton Mi (d.4) M 96

15

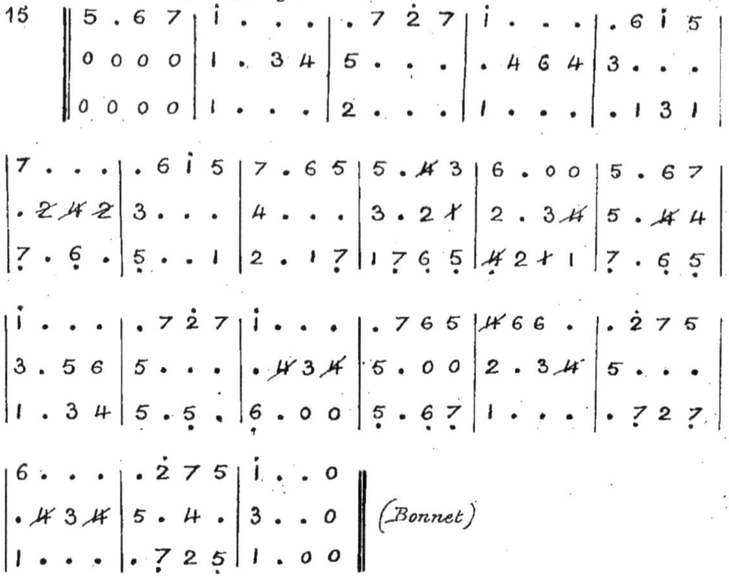

5 . 6 7	i . . .	. 7 2 7	i . . .	. 6 i 5
0 0 0 0	1 . 3 4	5 . . .	. 4 6 4	3 . . .
0 0 0 0	1 . . .	2 . . .	1 . . .	. 1 3 1

7 . . .	. 6 i 5	7 . 6 5	5 . ♯4 3	6 . 0 0	5 . 6 7
. 2 ♯4 2	3 . . .	4 . . .	3 . 2 ♯	2 . 3 ♯	5 . ♯4 4
7 . 6 .	5 . . 1	2 . 1 7	1 7 6 5	♯4 2 ♯1	7 . 6 5

i . . .	. 7 2 7	i . . .	. 7 6 5	♯4 6 6 .	. 2 7 5
3 . 5 6	5 . . .	. ♯4 3 ♯4	5 . 0 0	2 . 3 ♯	5 . . .
1 . 3 4	5 . 5 .	6 . 0 0	5 . 6 7	1 . . .	. 7 2 7

| 6 . . . | . 2 7 5 | i . . 0 |
| . ♯4 3 ♯ | 5 . 4 . | 3 . . 0 | ‖ (Bonnet)
| 1 . . . | . 7 2 5 | 1 . 0 0 |

C. Ton Ut (d 6) M. 120

16

0 0 0 0	0 0 0 0	0 0 0 0	0 0 0 0	i . 7 .
0 0 0 0	0 0 0 0	5 . ♯4 .	5 6 6 5	3 . 2 .
1 . 7 .	1 ♯ 2 1	7 . . 6	7 . 6 7	1 . 5 .

i ♯ 2 i	7 . . 6	7 . i .	2 3 4 5	6 . 7 .	i 2 3 4
3 . 2 .	5 . ♯4 .	5 4 3 .	5 . . 5	3 . 2 .	3 5 . 4
. . ♯4 .	5 . 2 0	2 . . 1	7 1 2 3	1 . . 7	6 7 1 2

5 . 6 .	7 i 2 3	♯ . i .	7 0 0 0	0 0 0 0	i . 7 .
2 . 1 .	2 . 5 .	♯ . 0 0	5 . ♯4 .	5 6 6 5	3 . . .
7 . . 6	5 6 7 1	2 ♯ 3 ♯	5 2 . 1	7 . 1 7	6 6 . 5

i ♯ 2 i	7 . i .	2 ♯ 3 2	i . 2 .	3 i 4 2	i 7 3 i
i 7 6 .	5 . . 6	2 i 7 .	6 . . i	7 . 6 ♯	6 . 5 6
6 5 ♯4 .	5 4 3 .	7 6 5 .	6 5 4 6	5 . 4 .	4 . 3 .

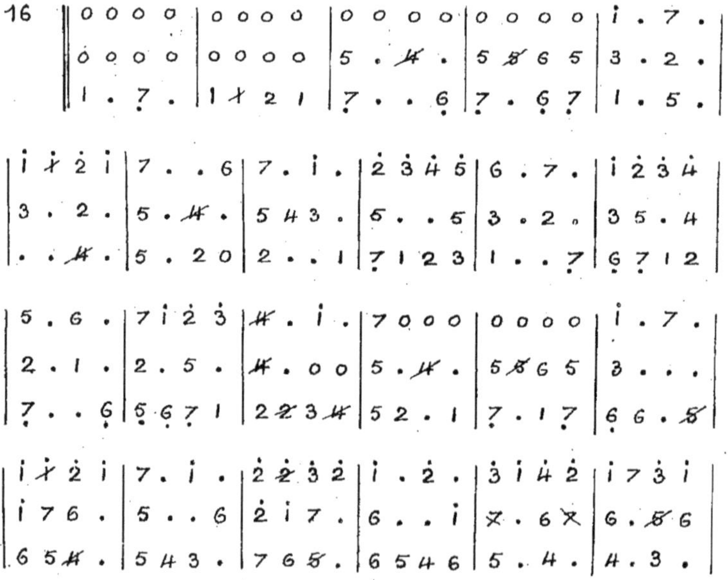

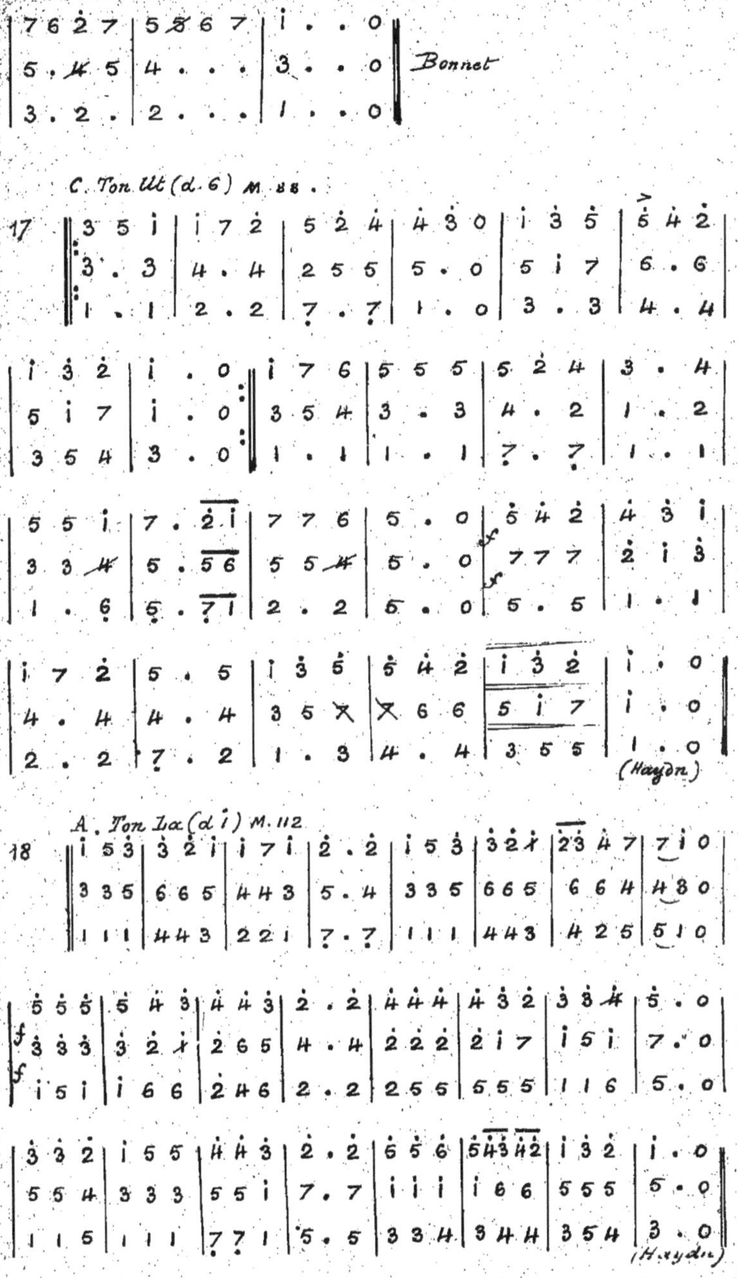

```
|7 6 2 7|5 5 6 7|i . . 0‖
|5 . 4 5|4 . . .|3 . . 0‖   Bonnet
|3 . 2 .|2 . . .|1 . . 0‖
```

C. Ton Ut (d. 6) M. 88.

```
17 ‖:3 5 i|i 7 2|5 2 4|4 3 0|i 3 5|5 4 2|
   ‖:3 . 3|4 . 4|2 5 5|5 . 0|5 i 7|6 . 6|
   ‖:1 . 1|2 . 2|7 . 7|1 . 0|3 . 3|4 . 4|

   i 3 2|i . 0:‖i 7 6|5 5 5|5 2 4|3 . 4|
   5 i 7|i . 0:‖3 5 4|3 . 3|4 . 2|1 . 2|
   3 5 4|3 . 0:‖1 . 1|1 . 1|7 . 7|1 . 1|

   5 5 i|7 . 2 i|7 7 6|5 . 0|5 4 2|4 3 i|
   3 3 4|5 . 5 6|5 5 4|5 . 0| 7 7 7|2 . 3|
   1 . 6|5 . 7 i|2 . 2|5 . 0|5 . 5|1 . 1|

   i 7 2|5 . 5|i 3 5|5 4 2|i 3 2|i . 0‖
   4 . 4|4 . 4|3 5 X|X 6 6|5 i 7|i . 0‖
   2 . 2|7 . 2|1 . 3|4 . 4|3 5 5|1 . 0‖
```

(Haydn)

A. Ton La (d. i) M. 112

```
18 ‖i 5 3|3 2 i|i 7 i|2 . 2|i 5 3|3 2 i|2 3 4 7|7 i 0|
   ‖3 3 5|6 6 5|4 4 3|5 . 4|3 3 5|6 6 5|6 6 4|4 8 0|
   ‖1 1 1|4 4 3|2 2 i|7 . 7|1 1 1|4 4 3|4 2 5|5 i 0|

 f 5 5 5|5 4 3|4 4 3|2 . 2|4 4 4|4 3 2|3 3 4|5 . 0|
 f 3 3 3|3 2 i|2 6 5|4 . 4|2 2 2|2 i 7|i 5 i|7 . 0|
   i 5 i|i 6 6|2 4 6|2 . 2|2 5 5|5 5 5|1 1 6|5 . 0|

   3 3 2|i 5 5|4 4 3|2 . 2|5 5 6|5 4 3 4 2|i 3 2|i . 0‖
   5 5 4|3 3 3|5 5 i|7 . 7|i i i|i 6 6|5 5 5|5 . 0‖
   1 1 5|1 1 1|7 7 i|5 . 5|3 3 4|3 4 4|3 5 4|3 . 0‖
```

(Haydn)

10

D. Ton Ré (d. 5) M. 112

19

(Bonnet)

F. Ton Fa (d. 3) M. 60

20

cresc.

H. Haydn

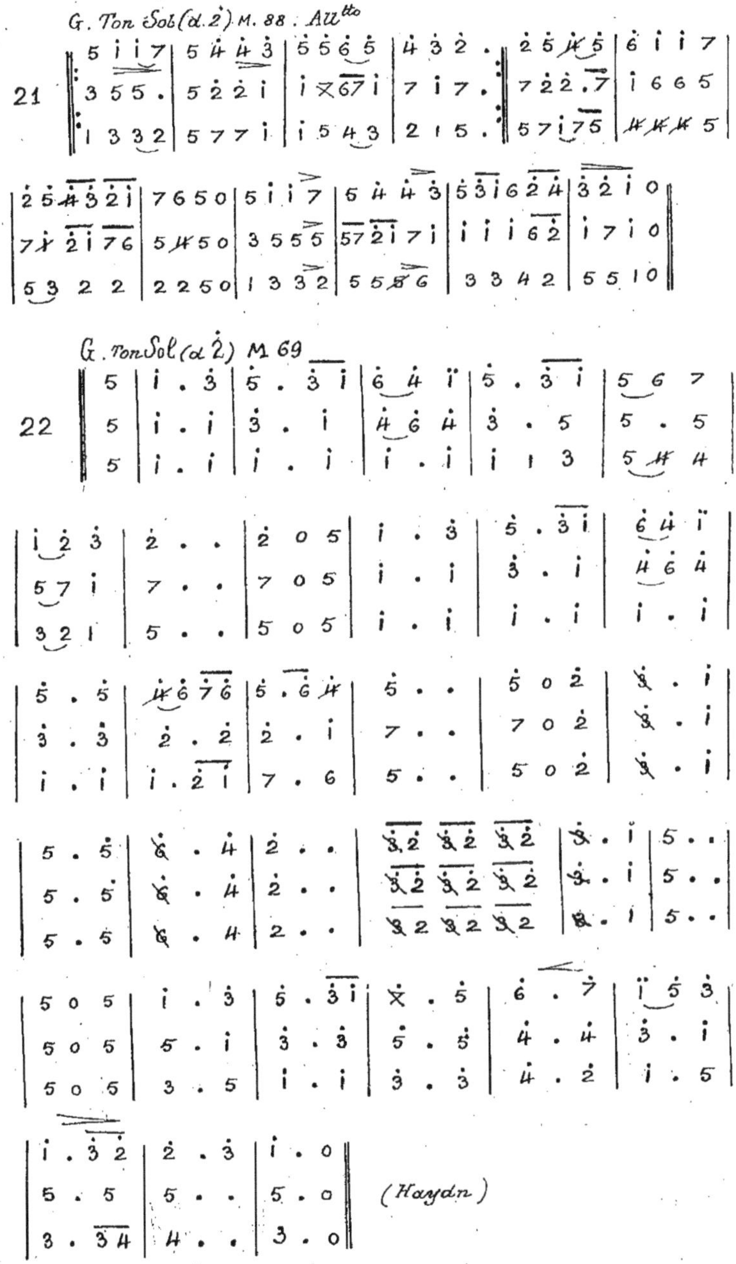

G. Ton Sol (à 2) M. 88 . All.tto

21

G. Ton Sol (à 2) M. 69

22

(Haydn)

E. Ton Mi (d 4) M. 60 Andante.

23

```
5 5 4 | 4 3 4 5 | 6 . 7 6 | 6 5 0 | 4 4 4 | 3 . 1 6 | 5 . 4 2 |
3 3 2 | 2 1 2 3 | 4 . 6 5 4 | 4 3 0 | 7 2 7 | 1 . 6 4 | 3 . 2 7 |
1 . | 1 . | 1 1 | 4 . 4 | 1 1 0 | 5 7 5 | 1 6 4 | 5 . 5 |
```

```
                                              cresc...
2 1 0 | 5 5 4 | 4 3 4 5 | 6 . 1 7 6 | 6 5 0 | 5 6 7 | 1 . 1 | 7 2 1 7 6
                                              cresc...
7 1 0 | 3 3 2 | 2 1 2 3 | 4 . 6 5 4 | 4 3 0 | 3 4 5 | 2 . 2 | 2 3 2
                                              cresc...
5 1 0 | 1 1 1 | 1 . 1 | 4 . 4 | 1 1 0 | 1 . 7 | 6 . 4 | 5 . .
```

```
5 . 0 | 5 5 5 | 5 4 6 | 6 5 4 | 4 3 0 | 3 4 5 | 6 7 1
2 . 0 | p 7 7 7 | 1 . 1 | 2 . 2 | 2 1 0 | 1 2 3 | 4 3 3
7 . 0 | p 5 5 5 | 6 . 6 | 7 . 7 | 7 1 0 | 1 1 1 | 1 . 1
```

```
                        cresc...
5 4 3 | 3 2 0 | 5 4 6 | 6 5 6 | 7 6 7 | 1 . 1 | 1 7 6
3 2 1 | 1 7 0 | 3 2 3 | 4 3 4 | 4 4 4 | 3 . 3 | f 3 5 4
1 4 4 | 5 . 0 | Ø | Ø | Ø | Ø | f 1 1 1
```

```
6 . 5 | 4 3 2 | 4 3 0 | 3 4 5 | 6 . 1 6 | 5 . 4 2 | 1 . 0
4 . 3 | 2 1 7 | 7 1 0 | f 1 2 3 | 4 . 6 4 | 3 . 2 7 | 1 . 0
4 . 5 | 6 . 5 | 5 1 0 | f 1 1 1 | 4 . 4 | 5 . 5 | 1 . 0
```

Haydn.

G. Ton Sol (d 2) M. 96

24

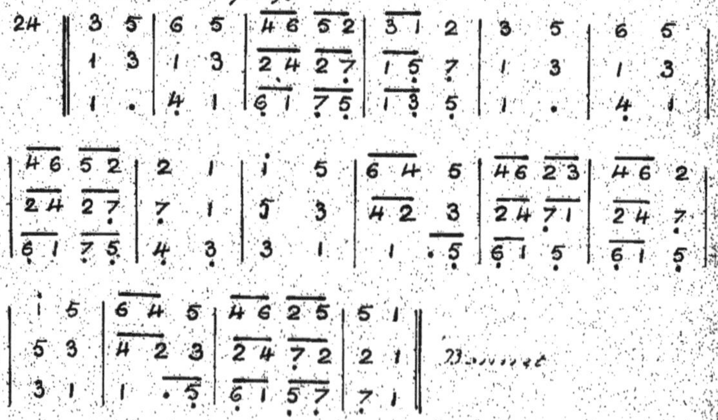

```
3 5 | 6 5 | 4 6 5 2 | 3 1 | 2 | 3 | 5 | 6 5
1 3 | 1 3 | 2 4 2 7 | 1 5 | 7 | 1 | 3 | 1 3
1 . | 4 1 | 6 1 7 5 | 1 3 | 5 | 1 . | 4 | 1
```

```
4 6 5 2 | 2 | 1 | 1 | 5 | 6 4 | 5 | 4 6 2 3 | 4 6 2
2 4 2 7 | 7 | 1 | 5 | 3 | 4 2 | 3 | 2 4 7 1 | 2 4 7
6 1 7 5 | 4 | 3 | 3 | 1 | . 5 | 6 1 | 5 | 6 1 5
```

```
1 5 | 6 4 5 | 4 6 2 5 | 5 1
5 3 | 4 2 3 | 2 4 7 2 | 2 1 |   Menuet
3 1 | 1 . 5 | 6 1 5 7 | 7 1
```

A. Ton La (α i) M. 90.

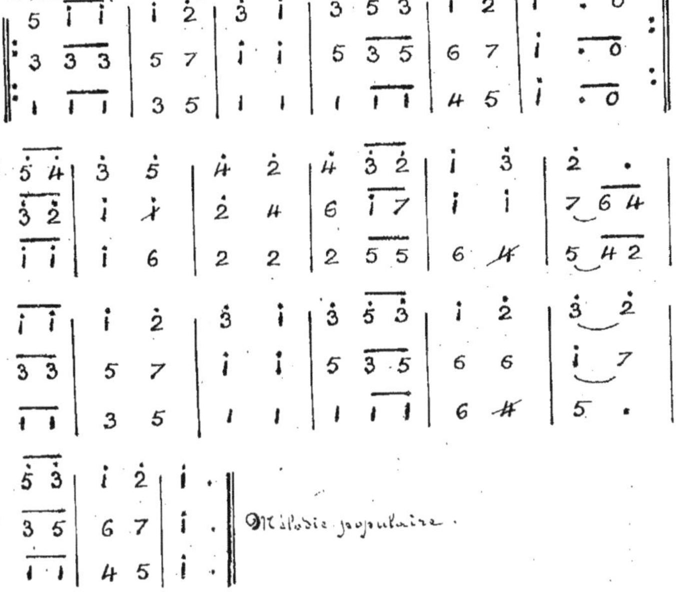

25

Mélodie populaire.

Bᵇ. Ton Seu (α 7) M. 100.

26

(Bonnet)

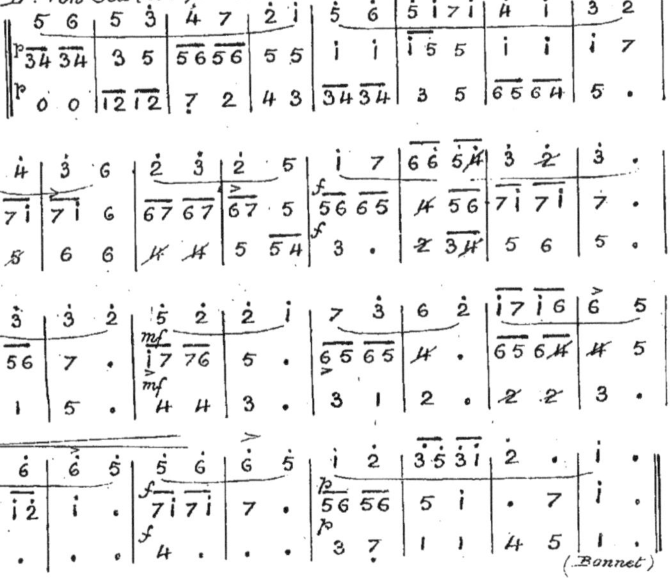

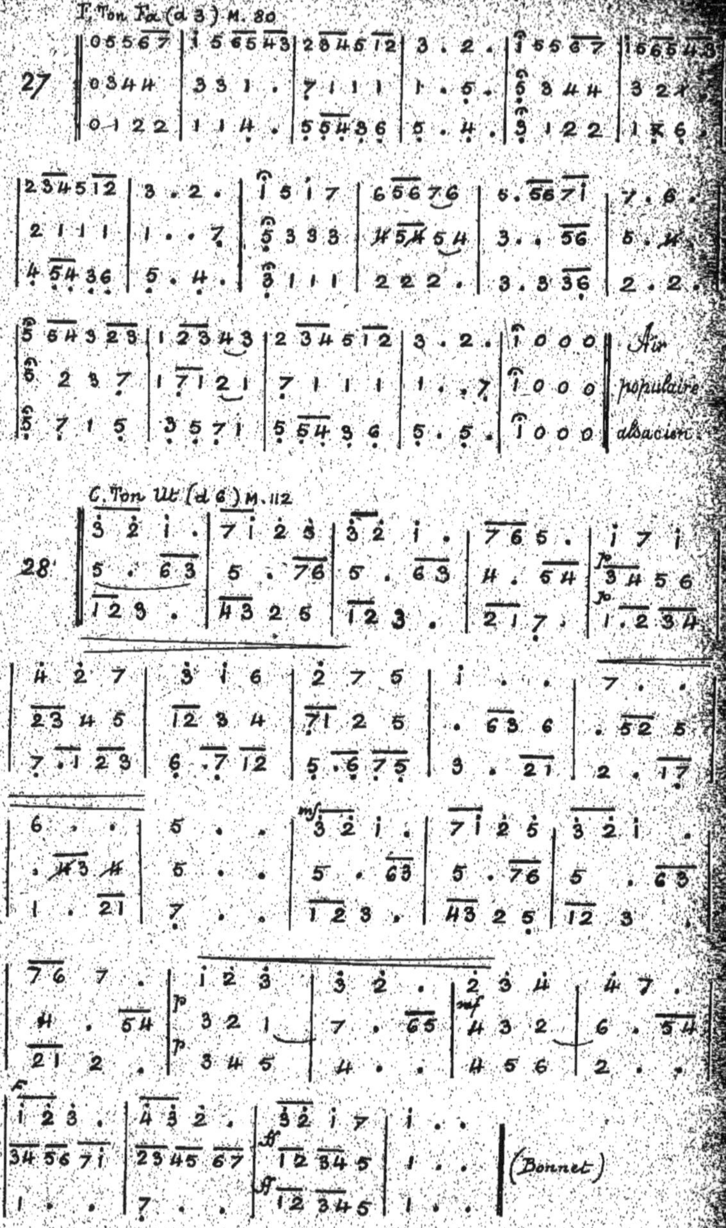

I. Ton Fa (d 3) M. 80

27

C. Ton Ut (d 6) M. 112

28

Air
populaire
alsacien

(Bonnet)

A. Ton de La (d i) M. 92. Au²

29

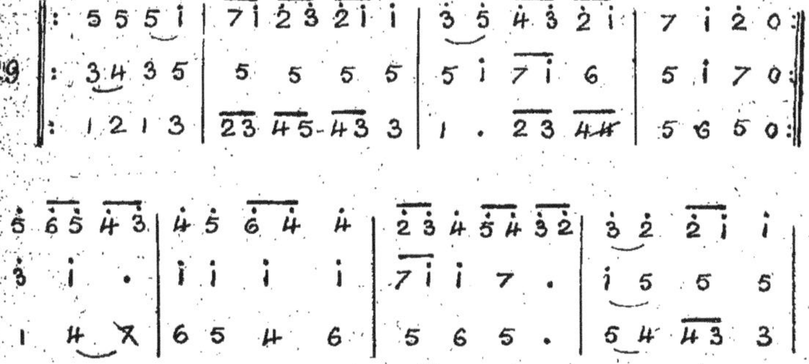

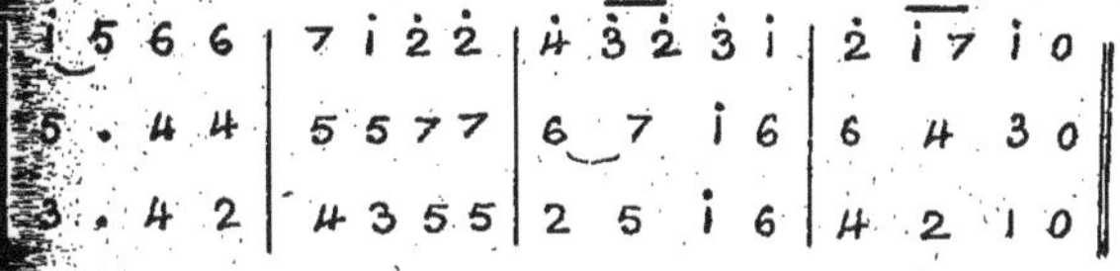

clin allemand

D. Ton Ré (d 5) M. 112

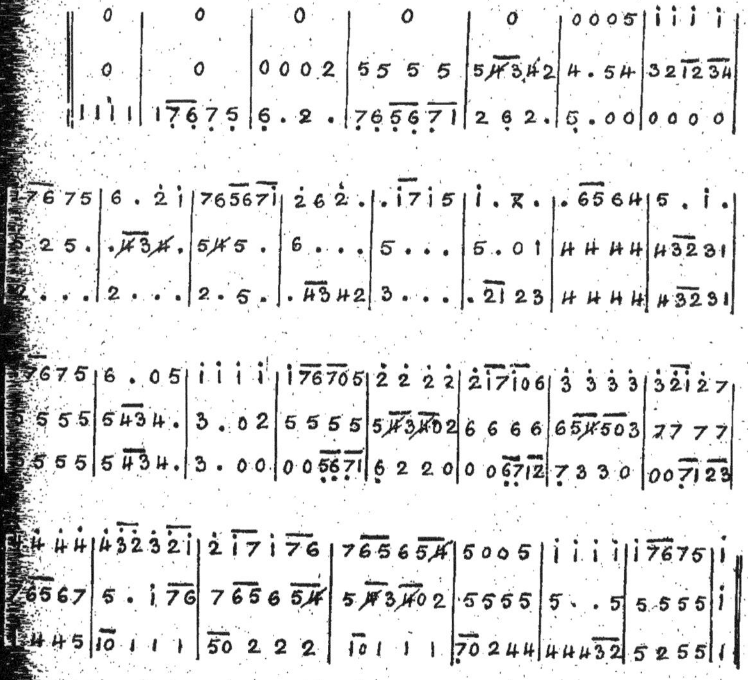

16
F. Ton Fa (d 3) M. 90
31
Bornianskii.
Bb Ton Seu (d 7) M. 66. Andante.
32
Haydn.

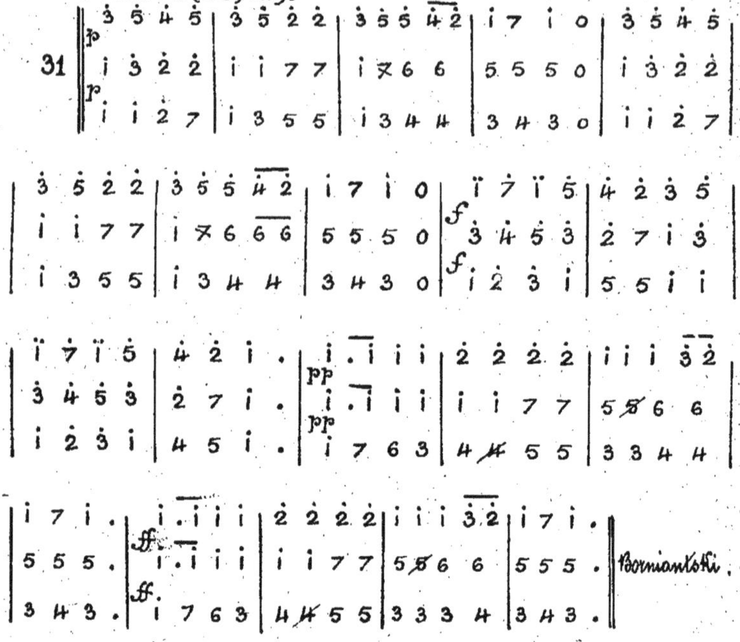

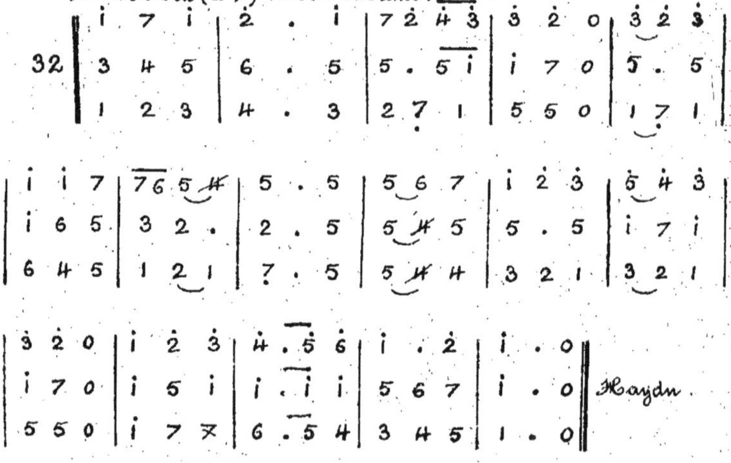

F. Ton Fa (a 3) M 80.

33

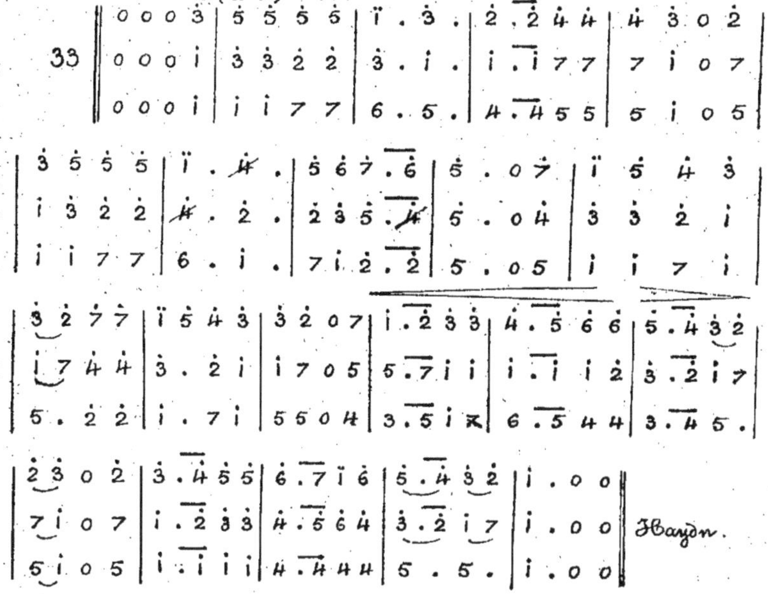

Haydn.

C. Ton Ut (a 6) M 116. all. non troppo.

34

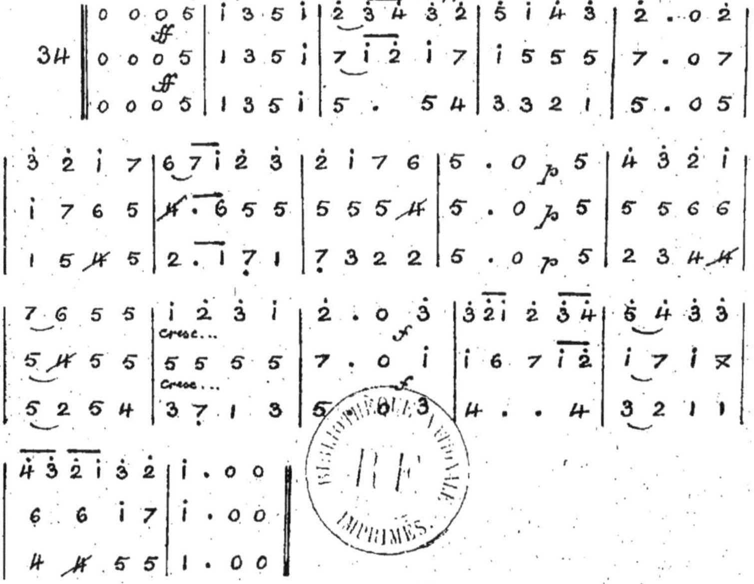

cresc...

cresc...

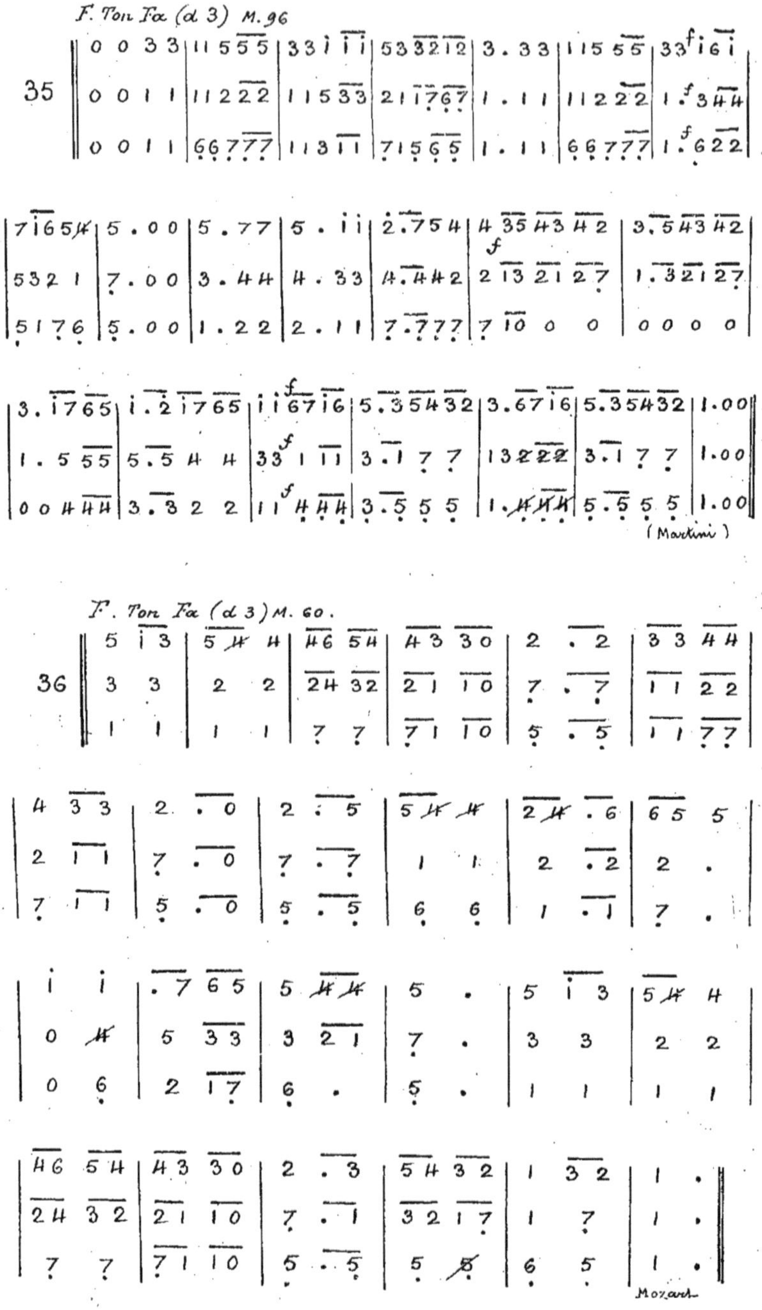

18
F. Ton Fa (d 3) M.96
35
(Martini)
F. Ton Fa (d 3) M.60.
36
Mozart

Ton. de Seu (d 7) Adagio M 66.

37

Chant de Trèves
- 1808 -

C. Ton Ut (d 6) M.120

38

Rouget de Lisle
1760-1836

20
39
E♭ Ton Meu (d♯) M.84
cresc.
cresc.
cresc.
Haydn
40
C. Ton Ut (d6) M.144
Bonnet

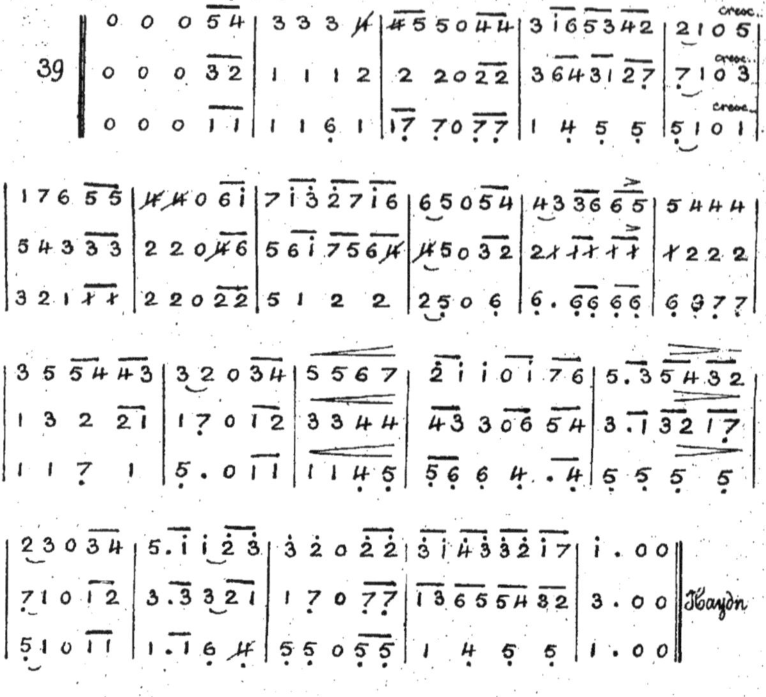

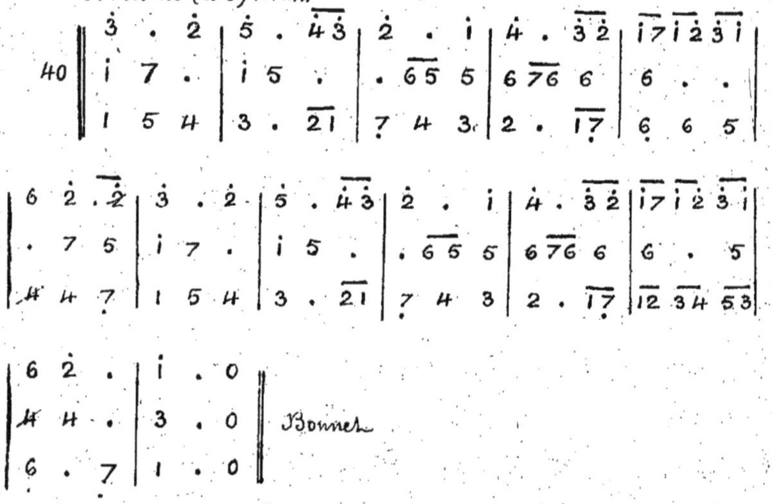

G. Ton Sol (d. 2) M. 72

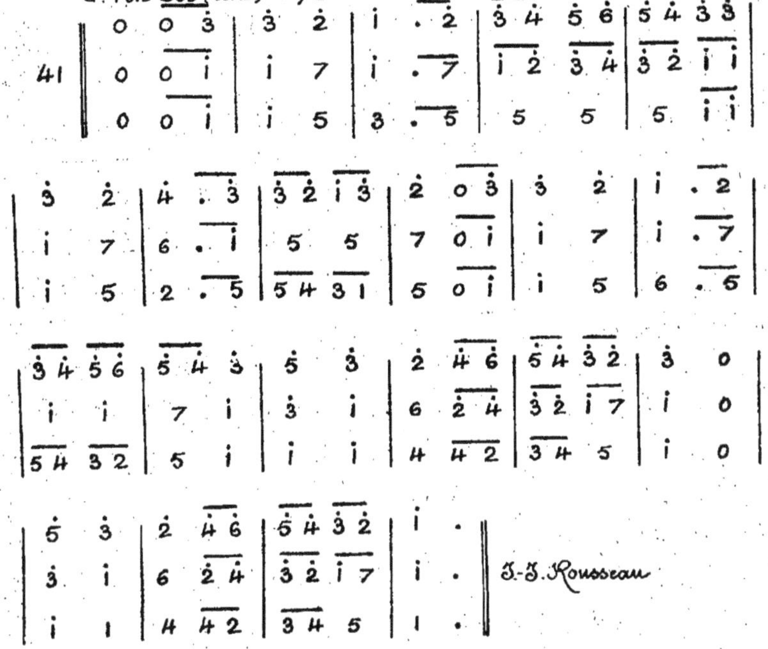
41
J.-J. Rousseau

B♭. Ton Si♭ (d 7) M. 112

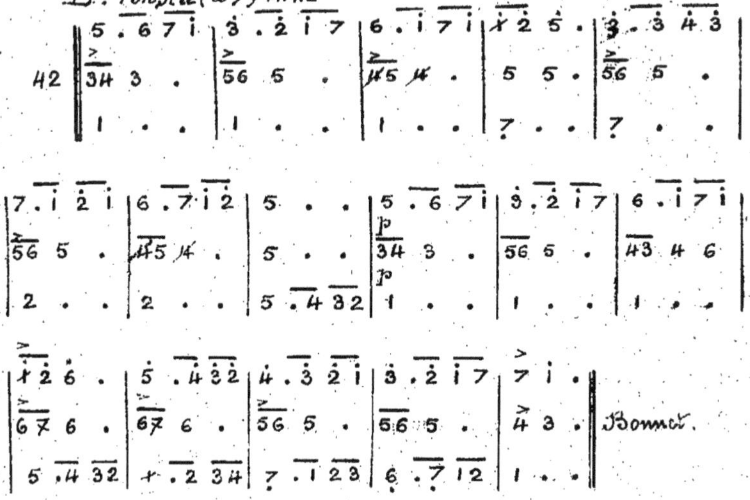
42
Bonnet.

22

F. Ton Fa (d 3) M. 96

43

f

Dimin
Dimin

p
p
p

Beethoven

C. Ton Ut (d 6) _ M. 120 Allegro

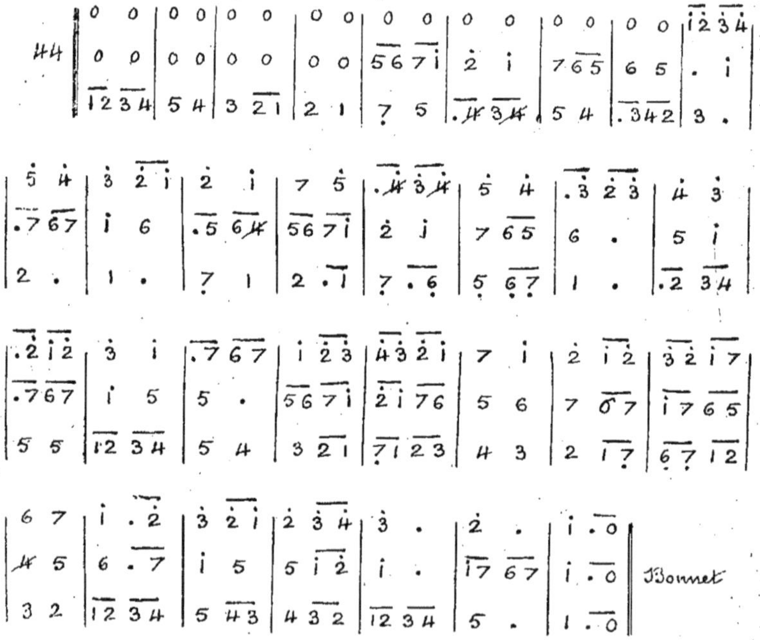

44

Bonnet

G Ton Sol min. (d.7) M.96

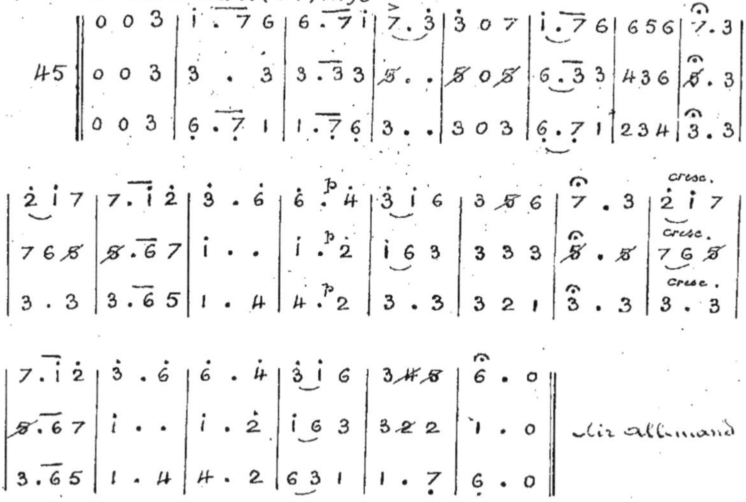

45

	0 0 3	i. 7 6	6. 7 i	7. 3	3 0 7	i. 7 6	6 5 6	7. 3
	0 0 3	3 . 3	3. 3 3	5 . .	5 0 5	6. 3 3	4 3 6	5. 3
	0 0 3	6. 7 i	1. 7 6	3 . .	3 0 3	6. 7 i	2 3 4	3. 3

2 i 7	7. i 2	3. 6	6. P 4	3 i 6	3 5 6	7 . 3	2 i 7
7 6 5	5. 6 7	i . .	i. P 2	i 6 3	3 3 3	5. 5	7 6 5
3 . 3	3. 6 5	1. 4	4. P 2	3 . 3	3 2 1	3. 3	3 . 3

cresc.

7. i 2	3. 6	6. 4	3 i 6	3 #5	6. 0	
5. 6 7	i . .	i. 2	i 6 3	3 2 2	i. 0	
3. 6 5	1. 4	4. 2	6 3 1	1. 7	6. 0	

Air Allemand

4 . Ton Si (d #) M. 120) Moderato

46

	5. i	3. 2	i 7 6 7	i. 5	6. 2	4. 3	2 i 7 i	5 . .	5. i
	3. 6	5 #4	3 . 5	5. 3	4. 7	6 5 5	#4 3 5	i . .	3. 6
	1 . .	1. . .	3 . 5	2 3 . .	2 . . .	. . .	. . 3	3. .	1 . .

3 . 2	i 7 6 7	2. i	7 6 5	#4 3 2	i 7 6	7 . .	i. 2
5 . 5	6 5 #4 5	5 . .	5 #4 3	#i 7	6 5 #4	5 . .	5 6 5 i 7
. . 7	6 7 1 2	3 . .	2. #	2 6 7	1 #4 2	5. 4	3 . 2

3 . 5	6 7 i	i . .	2 . 3	#4. 6	7 i 2	5 . .	. #4 4
6 5 6 3 2	1 2 3	3 . .	6 7 6 2 i	7 6 7 4 3	2 6 7	i . .	2 . .
1 . 7	6 6. 5 6	. . 5	4 . 3	2 . 1	7 7. 6 5 4	3 . 4 5	6. 7

3 3 2	#4 i 7	6 3 2	6 3 2	i 7 6	2 . .	i. 0
i. 7	6. 5	#4 i 7	6 i 7	6 7 i	i. 7	i. 0
i 1 2	3 #4 5	2. 5	#4 . .	. 5 6	5 . .	1. 0	

Bonnet

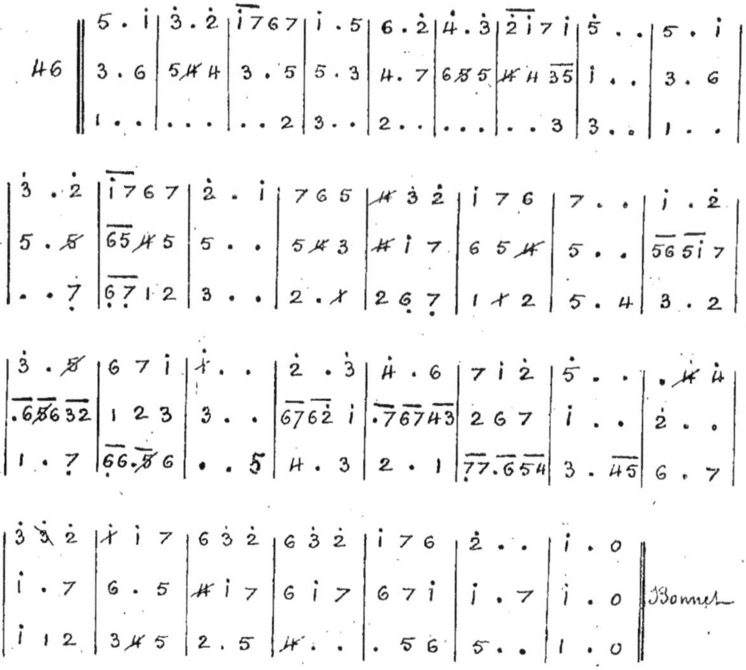

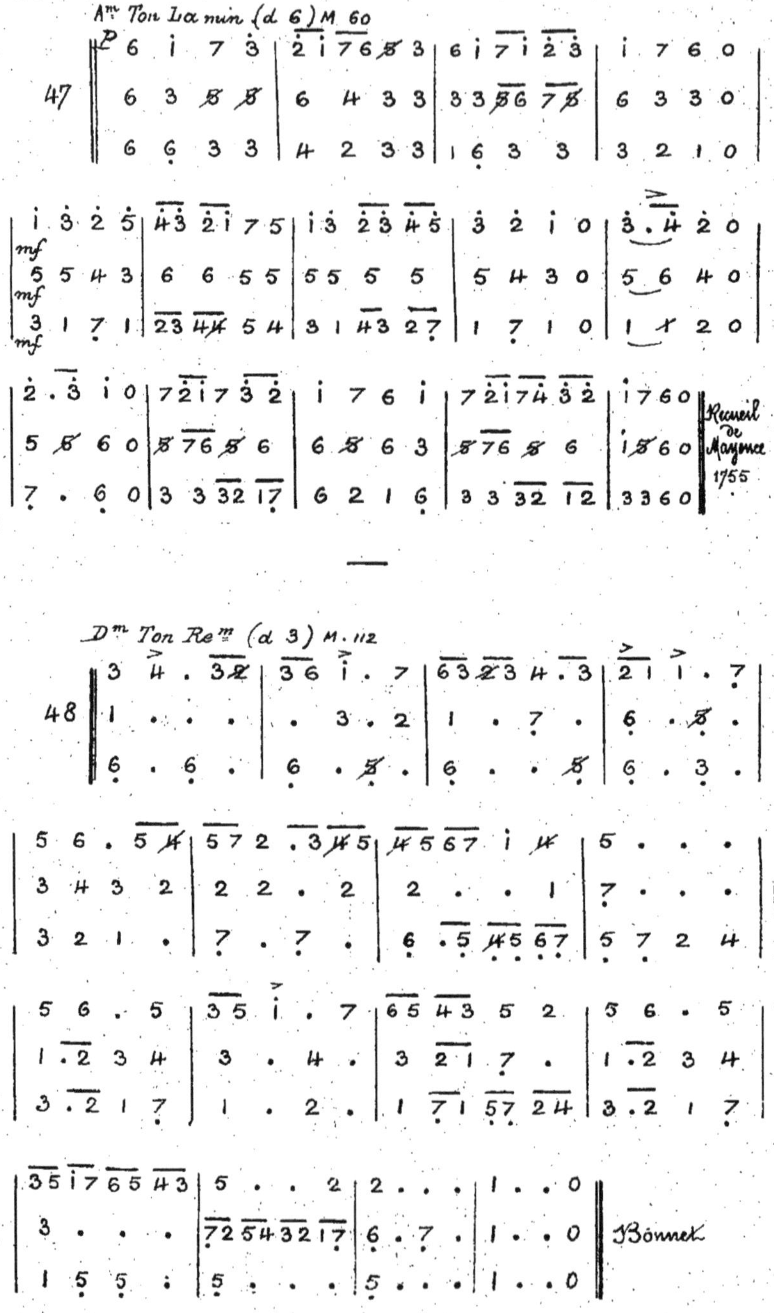

24

A.m Ton La min (d 6) M. 60
47

mf
mf
mf

Recueil de Mayence 1755

D.m Ton Re.m (d 3) M. 112
48

Bonnet

G. Ton Sol (d. 2) M. 160

49

cresc..

(Bonnet).

F. Ton Fa (d 3) M. 120

50

FIN

Bonnet.

26

F. Ton Fa (d 3) M. 60 Largo.

51

Haendel.

A Ton La (d i) M. 60

52

J. Carissimi
(1582–1673)

F. Ton Fa (d $\overset{.}{3}$) M.90

53

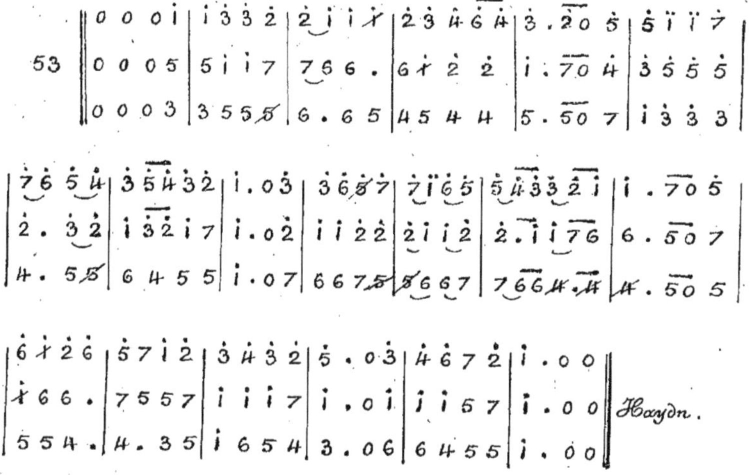

Haydn.

A. Ton La (d 1) M.144 Allegro

54

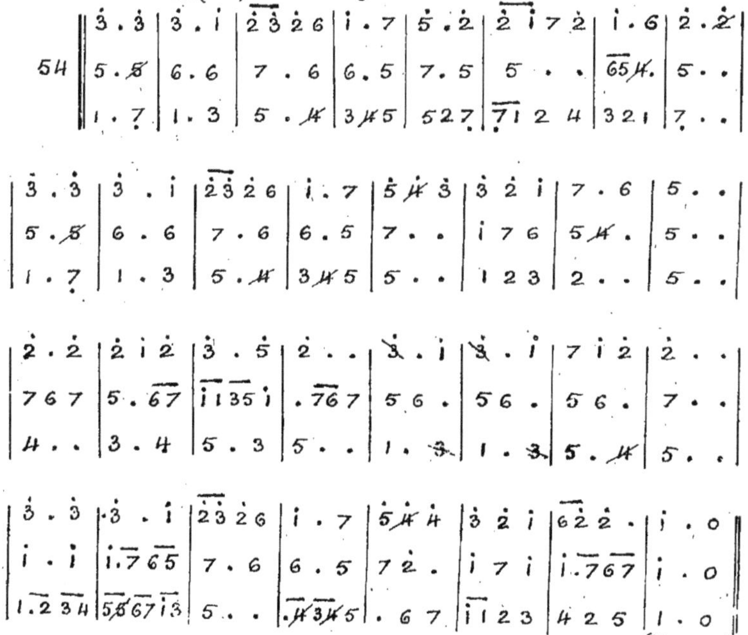

(Bonnet)

Aᵐ Ton La min (d.6) M.96 Allegretto
55 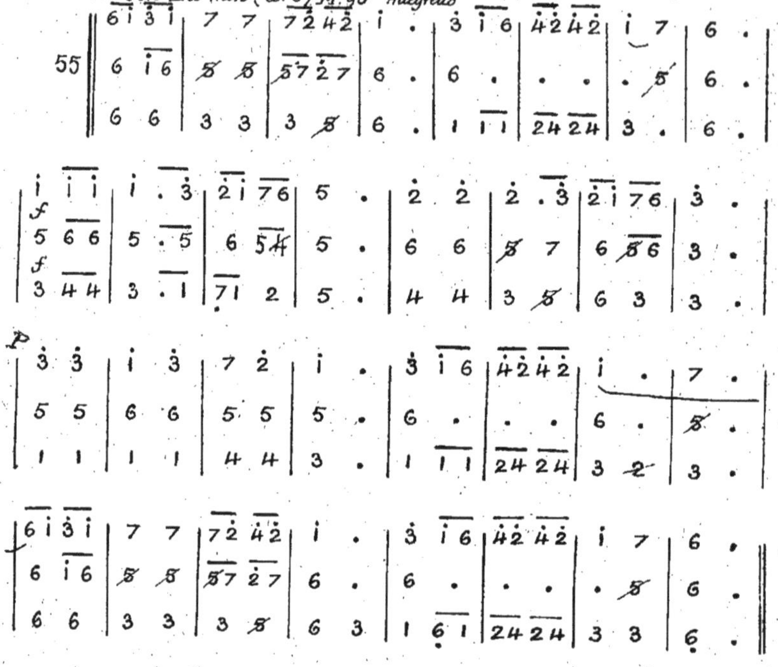
Bᵇ Ton Seu (d.7) M.92
56

D. Ton Ré (d. 5) M. 80

57

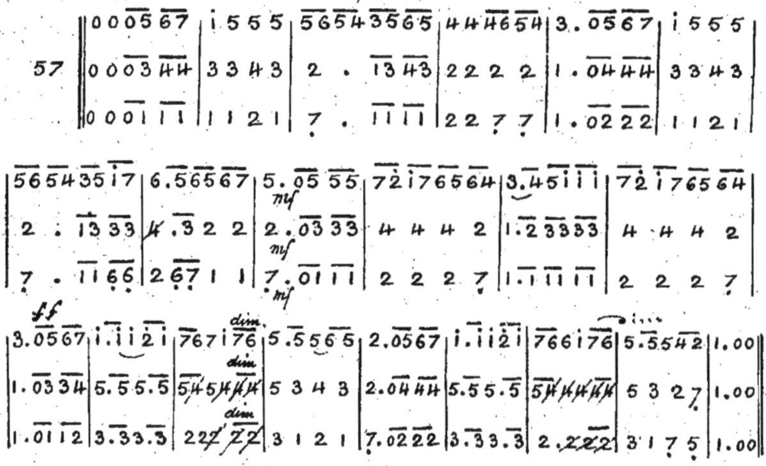

B♭ Ton Sea (d. 7) M 100

58

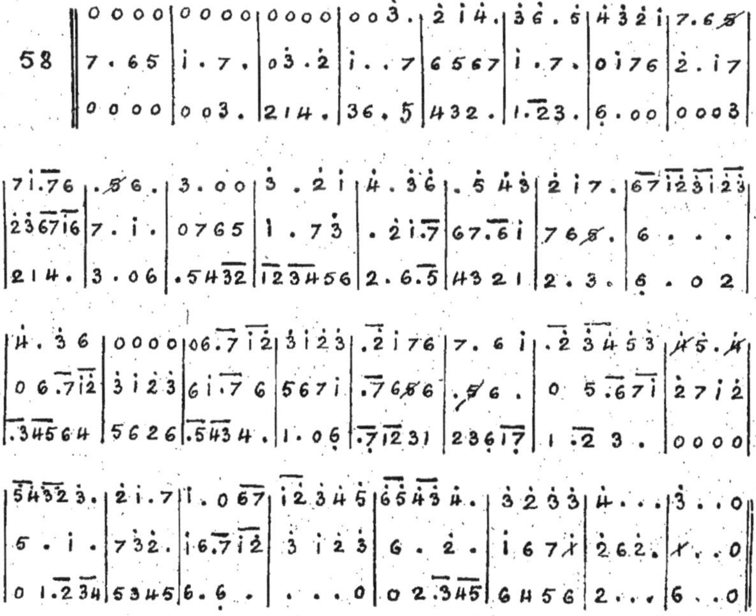

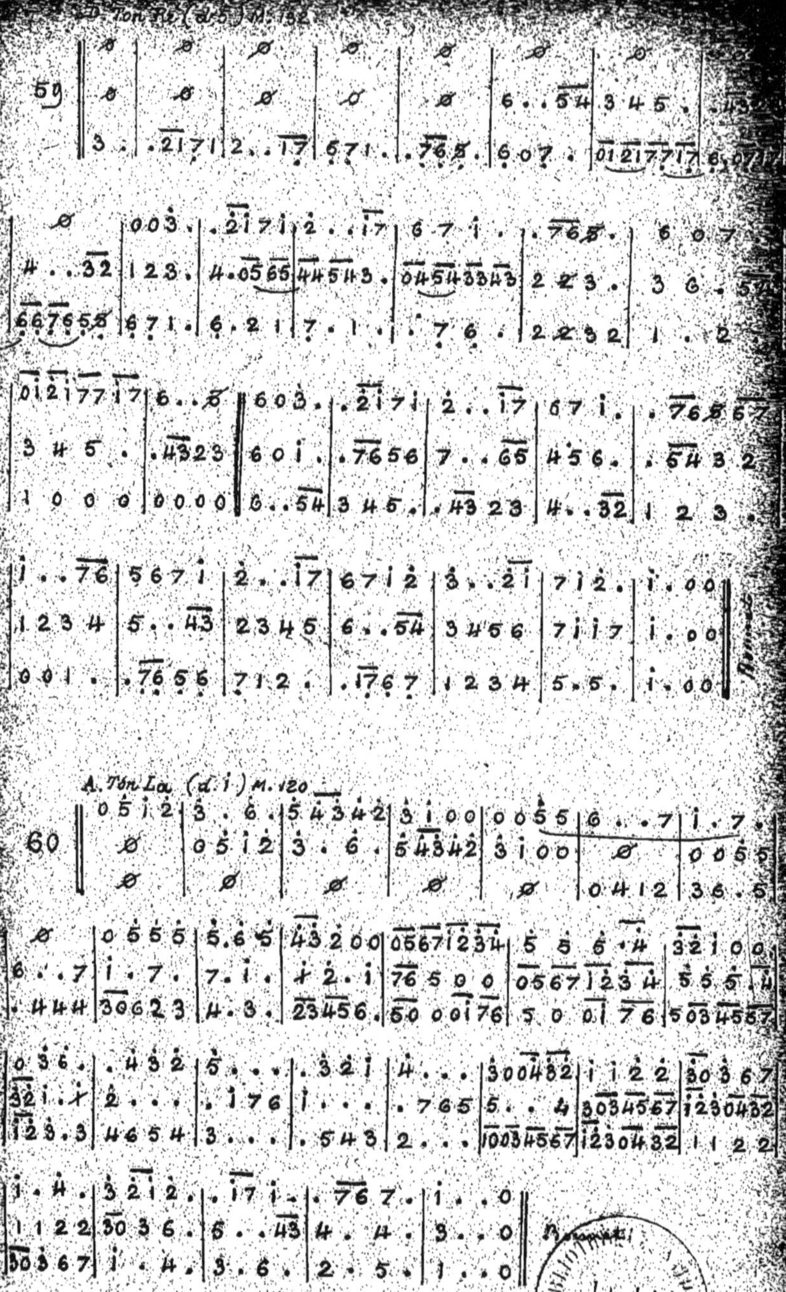

FIN

Imp. lith. ORP. PRÉVOST. Compiègne (Oise).

www.ingramcontent.com/pod-product-compliance
Ingram Content Group UK Ltd.
Pitfield, Milton Keynes, MK11 3LW, UK
UKHW022222070726
13613UKWH00004B/1828